Théo fait
son numéro

D1699273

DANS LA MÊME COLLECTION

- Justine entre au CP
- Justine part en vacances
- Justine attend la petite souris
Laurent Sabathié – Roberta Angeletti

- Les Têtes-Rouges
André Benchetrit – Rémi Saillard

- Les trois secrets
Jane Champeyrache – Frédéric Pillot

- Salsa à la récré
Achmy Halley – Anne-Isabelle Le Touzé

© Éditions Belin, 2001   ISBN 2-7011-**2872**-2

Victoire Girerd

Sofi

Théo fait son numéro

1

Ce matin, devant la porte de l'école, un petit cortège veille à ne pas faire de bruit.

– Chut! la ville est encore endormie, murmure la maîtresse.

Aussi discrets que des souris, Théo et ses amis montent dans le bus couleur bleu nuit.

– Au revoir, disent les mamans. À la semaine prochaine!

Les portes du bus se referment. Leïla prend place près du conducteur.

– En route pour le cirque Cerise ! clame la fillette.

Pour le voyage, Théo a promis de rester tranquille. Il compte les nuages, tourne les pages de son livre d'histoires.

Mais Théo trouve le temps long. Théo s'impatiente :

– Leïla, Leïla, ne vois-tu rien à l'horizon ?

– Je vois des roulottes pleines d'animaux, un magnifique chapiteau…

– Génial ! Nous sommes arrivés !

Dans le grand pré, la fanfare joue à tue-tête.

– Bienvenue à l'école du cirque ! claironne Monsieur Loyal.

– Laissez-moi passer, crie Raoul. Comme toujours, il veut descendre avant tout le monde. Et patatras ! Dans sa hâte, il a raté une marche.

– Oh ! Oh ! Oh ! Regardez ce que j'ai pêché, un acrobate qui ne tient pas sur ses pattes ! se moque Bobo le clown.

Les artistes du cirque sont tous présents. Il y a un dresseur de chiens savants, un fakir et son singe, des funambules, un magicien… Leurs costumes brillent comme des étoiles.

Tout heureux, Théo cueille une brassée de marguerites.

– Tiens Leïla, ces jolies fleurs sont pour toi.

– Moi, les fleurs, je n'aime pas ça ! dit Raoul, jaloux, en jetant le bouquet par terre.

Théo en a assez du vilain Raoul. Il est très fâché et son imagination s'emballe.

– Je suis un grand sorcier et je vais te faire disparaître Raoul le maboul !

Le magicien n'est pas loin. Une magnifique colombe vient de s'envoler de son grand chapeau. Théo en oublie sa colère.

– Un jour, je serai magicien, dit Théo émerveillé.

– Et moi, dompteur, ajoute Yacine, son meilleur ami. Comme ça, je pourrai attraper le singe du fakir. Ce coquin a volé mes cacahuètes !

Décidément, la semaine à l'école du cirque s'annonce très mouvementée !

2

Ma moustache, mais où donc est passée ma moustache ! tonne la grosse voix de Monsieur Loyal.

Tout le cirque est en émoi. Sans sa majestueuse moustache, Monsieur Loyal n'est plus vraiment Monsieur Loyal.

– Et si elle était cachée sous la perruque de Bobo le clown, lance Yacine très fier de son idée.

– Non, rétorque Théo, je parie qu'elle est rangée dans la malle du magicien.

Mais les deux amis sont interrompus. Être un enfant de la balle demande beaucoup de travail. Il faut nourrir et soigner les animaux. S'assurer que le chapiteau est bien accroché, pas question de le laisser s'envoler ! Et puis surtout, il faut frotter, encore frotter, surtout les trompettes !

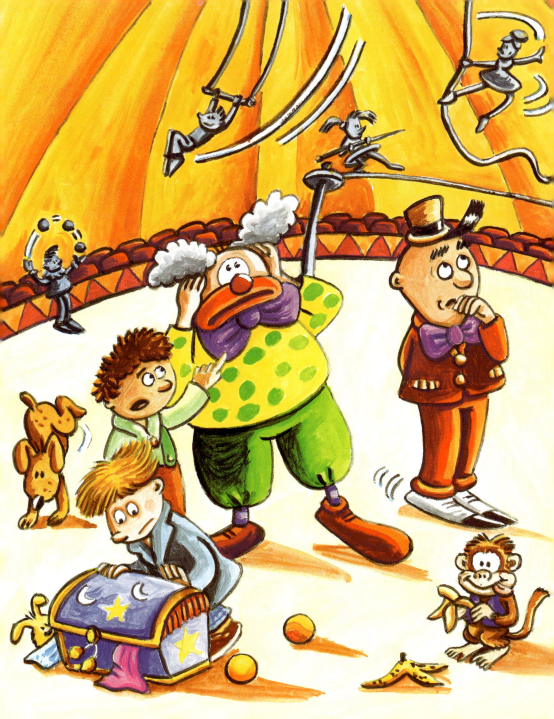

Ouf! Maintenant que tout est en ordre, les leçons peuvent commencer.

– Bondissez balles colorées. Virevoltez foulards et diabolos. L'heure est venue de jongler! annonce le professeur.

L'imagination de Théo bouillonne:

– Je suis un poète et un jongleur. Je suis un troubadour du Moyen Âge.

Les mains de Théo s'agitent, vont de plus en plus vite. Les balles s'envolent et retombent pêle-mêle sur sa tête.

– Écartez-vous! Théo devient fou! ricane Raoul.

Théo, baisse les yeux, tout penaud. Mais le professeur enchaîne :
– En place pour la pyramide humaine.
Hop ! Yacine a grimpé sur les épaules de Théo. Raoul, incorrigible, n'a pas dit son dernier mot.
– Hé, hé ! Un peu de poudre à éternuer et le tour est joué !
Théo sent son nez le chatouiller. Ses jambes se mettent à vaciller.

– Non ! non ! s'écrie Yacine qui ne veut pas tomber.

– Atchoum ! Atchoum ! répond Théo.

La maîtresse est inquiète. Théo est très maladroit. Pas question pour lui de rester sur la piste. Théo insiste, il voudrait tant être un artiste.

– Demain, tu pourras peut-être recommencer.

Pauvre Théo. Le cœur gros, il va s'asseoir dans les gradins. Il a vraiment beaucoup de chagrin. Monsieur Loyal, qui n'aime pas voir un enfant pleurer, se promet de l'aider.

3

Monsieur Loyal a une brillante idée. Et si Théo devenait accessoiriste ?

– Vite, un nez rouge pour le clown. Vite, une perche pour le funambule.

Théo n'a plus un instant de répit. Heureusement, Yacine est là pour le seconder.

Tout semble bien se dérouler jusqu'au moment où :

– Mes foulards ! On m'a volé mes foulards, se désole le magicien.

– Mon coussin, soupire le fakir. Où est passé mon coussin ?

Quant à l'acrobate, elle a les cheveux dans les yeux. Où sont passés ses rubans bleus ?

Théo fronce les sourcils. La moustache, les rubans, les coussins, les foulards… Beaucoup d'objets disparaissent au cirque Cerise.

– Il faut résoudre ce mystère et arrêter le coupable au plus vite, décident les deux amis.

Dans la roulotte aux accessoires, c'est l'heure de la chasse aux indices. Une petite brise s'infiltre par la lucarne restée ouverte et soulève sur son passage un tourbillon d'épluchures de cacahuètes.

– Oh ! Regarde ce que tu as fait, s'indigne Théo. Comment veux-tu trouver des indices au milieu de cette tempête de cacahuètes.

– Ce ne sont pas MES cacahuètes !

– Menteur !

Aussi rapidement qu'elle a commencé, la dispute s'arrête. Théo et Yacine n'ont pas de temps à perdre. Il faut continuer les recherches.

– Nous avons regardé partout, dit Théo découragé. Aucune trace des accessoires disparus !

– Peut-être sont-ils tombés dans le pré ?

– Mais non, quelqu'un les aurait ramassés.

Les enfants sont perplexes. Cette histoire est un vrai casse-tête.

– Je sais, dit Yacine. C'est encore un mauvais tour de Raoul. Il s'est faufilé dans la roulotte pour voler les objets.

– Impossible, répond Théo. En mon absence, la roulotte est toujours fermée à clef.

– C'est vrai, ajoute Yacine pensif. Et Raoul est trop gros pour passer par la lucarne.

– La lucarne, la roulotte fermée à clef, les cacahuètes… Mais bien sûr ! s'éclaire Théo. Je sais qui est le voleur. Nous aurons bientôt retrouvé tous les accessoires. Théo se sent l'âme d'un grand détective. Très excité, il met au point un plan.

4

Ce soir-là, dans la roulotte aux accessoires, on peut entendre une petite voix s'écrier :
– Comme il fait noir ! Et si nous retournions au dortoir ?
Théo ne répond pas. Il est bien trop occupé à installer son piège. Sur le sol, il pose huit, neuf, dix clochettes. Attention ! Seul le voleur doit les faire tinter.

– Maintenant, attendons, souffle Théo à Yacine inquiet.

Par la lucarne ouverte, les deux détectives écoutent les bruits de la nuit. Le vent pleure dans les branches. Le chapiteau grince. Au loin, une chouette hulule.

Malgré ces bruits mystérieux, les enfants s'endorment doucement.

Quand soudain : « Drelin ! drelin ! »

– Un fantôme ! crie Yacine réveillé en sursaut.

– Mais non, c'est le voleur qui s'est pris les pieds dans les clochettes !

Théo a juste le temps de voir une ombre s'enfuir par la lucarne.

– Vite. Ne le laissons pas s'échapper !

Théo s'élance hors de la roulotte. Il court dans l'obscurité. Le fugitif est presque à sa portée.

– Petit gredin, je vais t'attraper.

Mais le voleur n'est pas une proie facile. Il s'esquive, bondit et se dirige droit vers la ménagerie. Dans sa hâte, Théo trébuche de tout son long sur le lion. Le fauve rugit, découvrant ses griffes et ses crocs.

– Un dinosaure ! hurle Yacine terrorisé.

À présent, tous les animaux sont réveillés.

Les chevaux hennissent. Les chiens aboient. Les serpents sifflent. Théo se faufile entre les jambes des éléphants, glisse sur les bosses du chameau. Quelle course insensée !

– J'en ai assez !

Vas-tu arrêter de t'agiter ! s'exclame Théo fatigué.

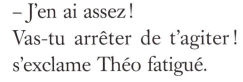

Le voleur est agile. Il grimpe sur le toit et se jette dans une trappe.

– Ah non, cette fois, tu ne m'échapperas pas !

Théo a plongé dans l'ouverture. Il tombe, encore et encore, toujours plus bas. Il crie de toutes ses forces.

– Au secours !

Boum ! L'atterrissage est brutal. Allongé sur le sol, Théo, inconscient, reste immobile.

5

Théo est tombé au milieu de l'écurie. Sa chute, amortie par la paille, le laisse un peu abruti. Il ouvre un œil, puis l'autre. Horreur ! Tous les artistes du cirque sont là. Réveillés en sursaut par le vacarme, ils ont vite accouru.

– Oh la la ! Ça va être ma fête ! s'inquiète Théo.

Mais que se passe-t-il ? On le soulève de terre. C'est le magicien qui le prend dans ses bras et clame :

– Hourra pour Théo ! Le mystère des accessoires disparus est résolu !

Timidement, Théo tend la proie qu'il tient serrée contre sa poitrine.

– Voilà le voleur.

– Le petit singe du fakir !

Dans ses doigts minuscules, l'animal agrippe une multitude de trophées.

«Regardez», dit le funambule en se dirigeant vers un coin reculé de l'écurie.

Sur la paille, bien cachée, Lola, le caniche, et ses cinq adorables chiots se prélassent au milieu de la moustache de Monsieur Loyal, des foulards, des rubans bleus…

La maîtresse est tout attendrie :

– Ce petit singe a préparé un nid douillet à la belle Lola.

Monsieur Loyal est curieux. Comment Théo a-t-il fait pour résoudre cette affaire ?

– J'avais des indices, explique le jeune garçon. D'abord, la roulotte était toujours fermée à clef. Seule la lucarne restait ouverte.

Ensuite, les objets volés étaient légers. Pour finir, des cacahuètes jonchaient le sol de la roulotte…

Le voleur devait donc être petit, agile, ne pas être très robuste et aimer les cacahuètes. Je me suis alors souvenu que le singe avait volé le paquet de cacahuètes de Yacine. Il ne restait plus qu'à suivre le voleur pour trouver sa cachette.

Quelle histoire ! Tous les camarades de Théo restent bouche bée. Même Raoul en a perdu sa langue.

Monsieur Loyal s'éclaircit la gorge. D'un ton solennel, il déclare :

– Théo, je te félicite pour ton courage et ton astuce. Demain, si tu souhaites toujours être un artiste, tu retourneras sur la piste.

Théo, héros d'un jour, a gagné le cœur de Leïla. Et, comble de bonheur, ce soir, sous le chapiteau étoilé, il ouvrira les festivités.

Achevé d'imprimer par l'imprimerie Pollina, 85400 Luçon -n° L83543
N° d'édition: 002872 - 01
Dépôt légal: Mai 2001